Mein Spaziergang durch die Jahreszeiten

Ausmalen und durchatmen
Die schönsten Motive

Rita Berman

lübbe

Omnibusausgabe mit einer Auswahl von Motiven der bei Bastei Lübbe erschienenen Titel
Mein Herbstspaziergang
Mein Winterspaziergang
Mein Frühlingsspaziergang
Mein Sommerspaziergang

Titelillustration und Umschlaggestaltung: Rita Berman
Herstellung und Satz: Judith Knabe
Gesetzt aus der Cambria
Gesamtproduktion: Appel & Klinger, Schneckenlohe
Printed in Germany
ISBN 978-3-404-60991-8

11 10 9 8 7

Sie finden uns im Internet unter luebbe.de
Bitte beachten Sie auch: lesejury.de

RITA BERMAN

Mein Spaziergang durch die Jahreszeiten

Weitere Titel der Autorin:

Mein Herbstspaziergang
Mein Winterspaziergang
Mein Frühlingsspaziergang
Mein Sommerspaziergang
Die Welt unter der Lupe – zu Wasser
Die Welt unter der Lupe – zu Lande

Über die Autorin:

Rita Berman wurde 1971 in Moldawien geboren und begeisterte sich schon früh fürs Zeichnen. Sie studierte Architektur und zog nach Deutschland, wo sie heute als Designerin und Illustratorin arbeitet. Mit ihrem einzigartigen Stil erschafft sie verspielte Werke voller liebenswerter Details. Sie lebt mit ihrer Familie in Frankfurt am Main.

Für meine Ausmalbücher über Spaziergänge durch die Jahreszeiten habe ich 365 Tage lang besonders aufmerksam auf den Kreislauf der Natur geachtet und bin zu der Überzeugung gelangt: Jede Jahreszeit hat ihre ganz eigene Magie. Hier finden Sie nun meine Lieblingsmotive. Ich hoffe, Sie lassen sich vom Wechselspiel der Natur genauso verzaubern wie ich.

Viel Vergnügen beim Ausmalen wünscht Ihnen

Rita Berman

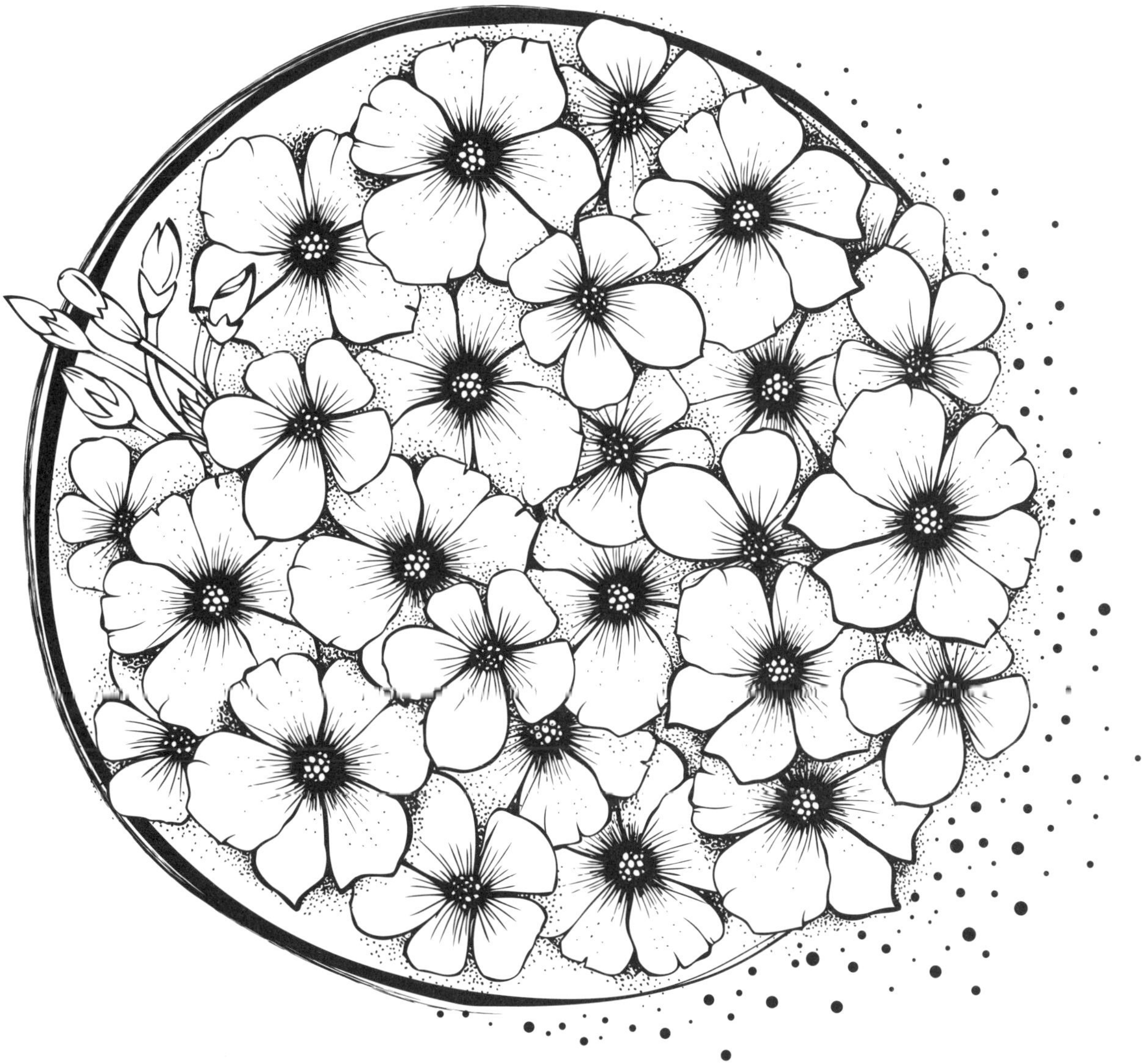

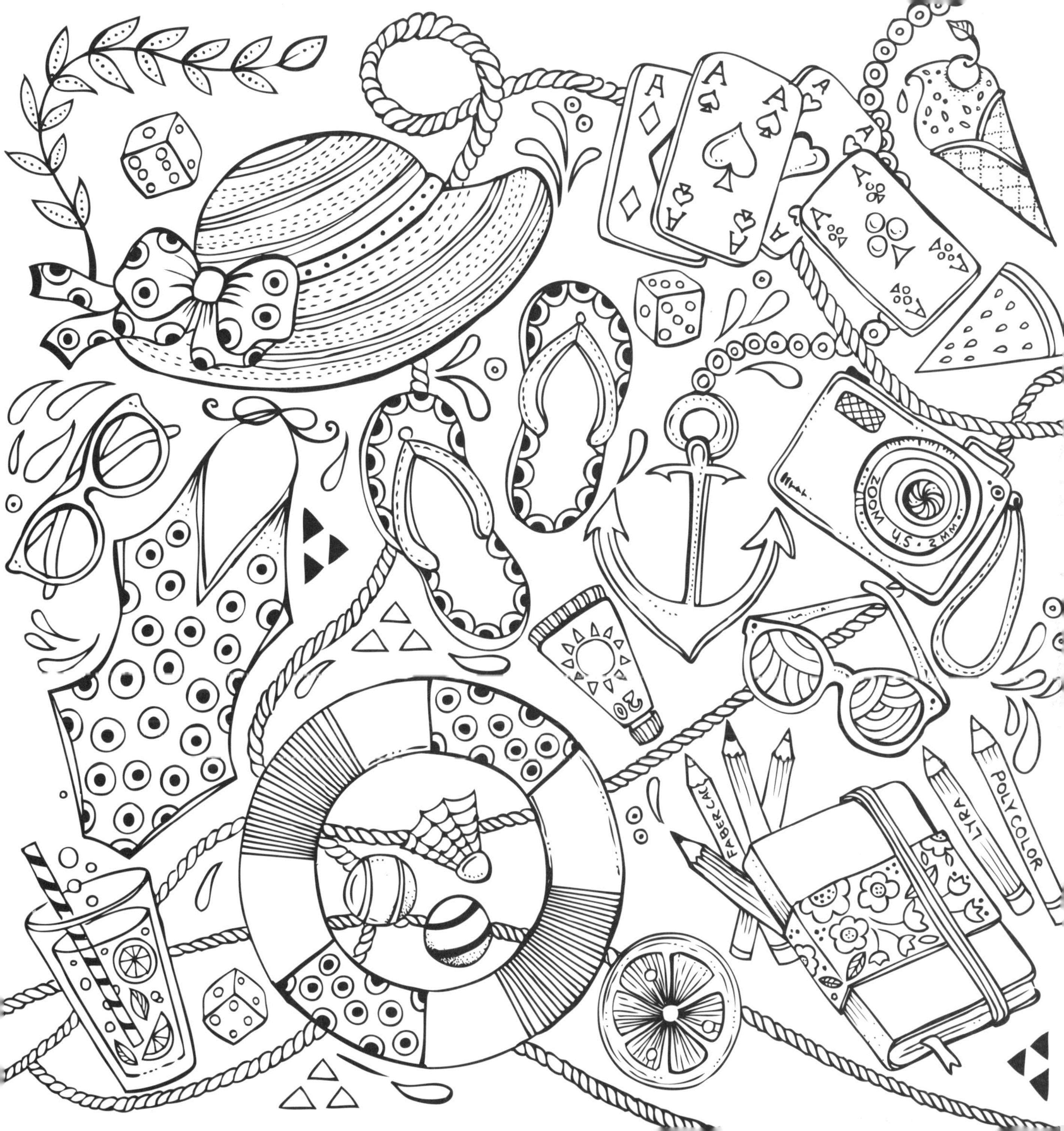
LYRA
POLYCOLOR

5,-

RADIO
N
O
S
W

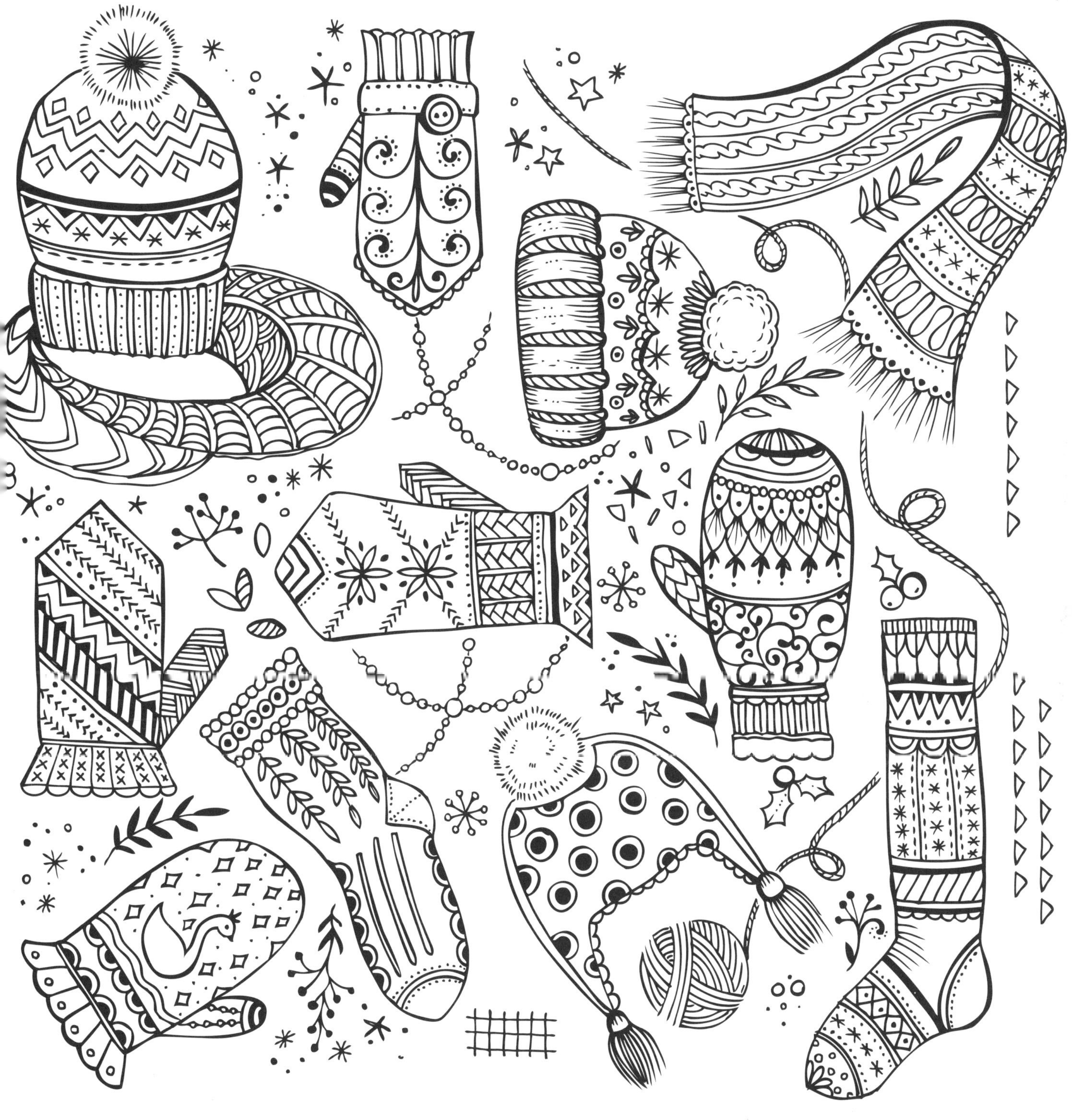

1
2
3
4
5
6
7
8
9
10
11
12
13
14
15
16
17
18
19
20
21
22
23
24

MEIN HERBSTSPAZIERGANG
ISBN 978-3-404-60916-1

MEIN WINTERSPAZIERGANG
ISBN 978-3-404-60917-8

MEIN FRÜHLINGSSPAZIERGANG
ISBN 978-3-404-60928-4

MEIN SOMMERSPAZIERGANG
ISBN 978-3-404-60929-1

DIE WELT UNTER DER LUPE - ZU WASSER
ISBN 978-3-404-60949-9

DIE WELT UNTER DER LUPE - ZU LANDE
ISBN 978-3-404-60948-2